LETTRE

A M. N. PASCAL

RÉDACTEUR AU *MOUVEMENT MÉDICAL*

PAR

LE DOCTEUR P. H. LEFEBVRE (DE L'EURE)

Ex-chef de clinique à la Faculté, etc.

PARIS

CHEZ ASSELIN

LIBRAIRE DE LA FACULTÉ DE MÉDECINE DE PARIS

Place de l'École-de-Médecine.

1865

A MON AMI

M. A. LEJEUNE

DE SAINT-DENIS DES MONTS.

A M. N. PASCAL

RÉDACTEUR AU *MOUVEMENT MÉDICAL*

> « Les sciences ne sont obscures que par la
> » médiocrité de ceux qui les exposent, ou par
> » le charlatanisme de ceux qui veulent leur
> » donner un faux air de profondeur. »
>
> (A. THIERS.)

MONSIEUR,

Vous me faites la faveur de m'envoyer votre journal, animé d'intention de l'amour de la liberté de l'enseignement et de l'exercice de la médecine, et je viens de lire dans le numéro 15 (30 mai 1865) la relation du fait *clinique* en vertu duquel M. Velpeau est venu réclamer devant l'Académie « le prix » offert par M. Bouillaud à celui qui apporterait une » observation *bien authentique* de lésion ou d'altération *des lobules antérieurs du cerveau sans trouble* » *de la parole.* »

Ce fait et les réflexions qui l'ont suivi m'ont paru mériter quelques remarques, auxquelles je suis directement intéressé comme partisan des idées et comme élève de M. Bouillaud. Mes remarques sont d'autant moins personnelles que j'ai été aussi élève de M. Velpeau : j'ai pris des observations chez les deux professeurs comme *élève*, et chez M. Bouillaud, comme chef de clinique, et personne, peut-être mieux que moi, n'est à même de connaître la valeur des observations recueillies par les deux maîtres; mais mon expression recueillir est impropre, car l'un des deux professeurs dicte les observations au lit des malades, au moins dans leur suite, après avoir contrôlé directement la relation, prise par le chef de clinique, des antécédents et de l'état du malade au moment de son entrée, tandis que l'autre les reçoit de ses externes et même des sous-externes.

Si mes souvenirs sont fidèles, en localisant dans les lobules antérieurs du cerveau l'organe législateur de la parole, M. Bouillaud n'a pas assigné à cet organe un siége déterminé ; il a laissé ce soin à ses successeurs, c'est-à-dire à l'observation ultérieure ; et si, dans ses leçons, il a montré, avec raison, quelques tendances de localisation plus précises, c'est toujours avec une réserve telle que ses élèves ont cru devoir l'imiter, tant, auprès de M. Bouillaud, le sentiment de la dignité et du respect de la science est porté à un haut degré. Ainsi donc, en fixant le siége de l'organe législateur de la parole dans les lobules antérieurs du cerveau, il n'a pas prétendu que toute lésion partielle de ces lobules, si considérable qu'elle fût, devait nécessairement abolir la faculté du langage articulé : loin de là. Pour arriver à cette localisation générale, M. Bouillaud était parti de ce principe (conséquence d'un certain nombre de faits cliniques), qu'on voit mieux le tout que la partie, et qu'une fois le champ de l'observation circonscrit, on arriverait plus facilement, par une analyse rigoureuse des faits de lésion partielle des lobules antérieurs, à déterminer la portion de ces lobules où réside plus particulièrement l'organe législateur de la parole. Pour démontrer l'erreur de la proposition de M. Bouillaud, il suffirait donc d'une seule observation bien prise *de destruction complète des deux lobules antérieurs du cerveau avec conservation de la parole*, et, tant que cette observation n'aura pas été produite, on ne pourra taxer M. Bouillaud d'erreur; car, pour moi, l'abolition de la parole coïncide avec certaines lésions bien précises des lobules antérieurs, et avec elles seules.

La première chose qui me frappe dans la relation du fait clinique de M. Velpeau, c'est l'absence *d'un diagnostic* formulé au moment de l'admission du malade, et d'un *pronostic*, ce diagnostic de l'avenir. Ce sont là, à mon sens, des caractères d'authenticité désirables dans une observation, ainsi que le *traitement*, dont je ne vois pas de traces. Ces propositions s'enchaînent tellement qu'on ne pourrait traiter une maladie qu'on n'a pas reconnue sans être un malhonnête homme, si le médecin n'était à couvert derrière le précepte : « *Melius anceps remedium quam nullum* », traduction libre : mieux vaut s'agiter que de ne rien faire.

Ceci posé, je passe à l'examen de ce fait clinique tel que je le trouve dans votre journal entre guillemets, examen qui sera *nécessairement* incomplet.

Le sujet de cette observation est « un coiffeur dont » la *loquacité* frappa bientôt tout le monde », et qui entrait à l'hôpital pour « *une légère incontinence* » *d'urine*. »

Vingt-sept jours après son entrée, « sans avoir » présenté d'*autres* symptômes qu'*un* affaiblissement » un peu plus marqué » (de quoi? il fallait le dire; la chose en valait la peine; il y avait donc autre chose qu'une légère incontinence?), « sans que la *loquacité* » fût en rien diminuée, cet homme mourut. »

Mourut?.... subitement?.... lentement?.... de quoi?.... je le cherche encore, en vain dans l'observation, et si la raison de la mort n'est pas dans les symptômes, car un affaiblissement ne tue pas plus que la loquacité, puisque le proverbe dit seulement : *trop parler nuit*, peut-elle avoir sa cause dans des lésions qui ne troublent pas l'exercice régulier des fonctions essentielles à la vie? Je ne le pense pas, mais voyons ce que dit l'autopsie :

« On trouva la prostate un peu plus volumineuse » qu'elle ne l'est à l'état normal » : ceci n'est pas une cause anatomique suffisante de mort.

Je passe donc, en *suivant* M. Velpeau. « Pour compléter l'observation, on ouvre également le crâne. » Le mot *compléter* me plaît *également*, mais ne me suffit pas, et j'avoue que je n'ai pas la foi robuste, la dose de crédulité de certains académiciens, surtout de ceux qui prétendent effacer ou redresser les bosses et dont le génie, tant il est sous-cutané! trompe l'air même. Or, comme la cause anatomique de la mort n'existe pas dans les lésions du crâne et du cerveau, puisque les fonctions essentielles à la vie, dépendant de ces organes, ne consistaient qu'en un affaiblissement et dans la loquacité, il me semble qu'il n'eût pas été inutile « pour compléter l'observation » de s'assurer de l'état des autres viscères dont ne parle pas la relation.

Il est aussi une certaine dépendance du crâne et des centres nerveux qu'on appelle le rachis et la moelle épinière où l'on trouve assez souvent des raisons anatomiques suffisantes de l'incontinence d'urine, motif de l'entrée du malade à l'hôpital, et il me semble que « pour compléter l'observation » on aurait pu ouvrir « *également* » le rachis, car « la prostate un peu plus volumineuse qu'elle ne l'est à l'état nor- » mal » expliquerait plutôt une *rétention* qu'une *incontinence* d'urine.

Il est d'usage, lorsqu'on veut démontrer une proposition, d'en donner l'énoncé précis, ou, si l'on suppose cet énoncé connu, de s'y conformer, et M. Velpeau, qui va tous les jours à l'École, voire même une fois la semaine à l'Académie, devait être au moins renseigné sur les conditions du programme du prix auquel il aspirait, et ne pas s'en écarter : alors comment être sérieux? c'était difficile; aussi l'épreuve que M. Velpeau vient de subir volontairement nous a-t-elle rappelé les jugements déjà portés par quelques journaux de l'époque sur celles de ses concours antérieurs, car s'il est jusqu'ici le *premier*, c'est qu'il est l'*unique* candidat et que le jury n'a pas encore prononcé. Or, il était impossible, avec l'observation de M. Velpeau, qu'il existât une abolition directe de la parole par suite de la lésion de l'organe producteur du langage articulé; mais M. Velpeau, qui n'est pas habitué à l'*exactitude* en fait d'observation et qui ne saura jamais ce que c'est que l'*observation*, la *véritable observation*, et non celle des fanfarons et des dévorants qui ont tout vu et qui en ont tant fait voir à notre génération, sans compter ce que verra la génération actuelle ; M. Velpeau, dis-je, aurait dû trouver, en raison du siége de la tumeur, des lésions d'organes et de fonctions auxquelles il ne paraît même pas avoir songé.

Voici ce que M. Velpeau trouve dans le crâne :

«« La dure-mère est adhérente ; près de la faux, »» à la partie antérieure du cerveau, les lobes anté- »» rieurs n'existent plus ; ils sont remplacés par une »» tumeur du volume d'un œuf de poule, tumeur »» dure, bosselée et de nature squirrheuse. Nous »» trouvions là une altération profonde, très-an- »» cienne des lobes antérieurs du cerveau.

»» Or, dit M. Velpeau, si c'est là que réside le »» législateur de la parole, c'est un fameux gaillard »» qui ne se montrait, en cette circonstance, ni gêné »» ni étourdi (1).

»» Qu'en pense M. Bouillaud ? »»

« Qu'en pense M. Bouillaud », ceci ne me regarde pas, mais je continue à vous dire ma pensée.

« Près de la faux, à la partie antérieure du cer- » veau, les lobes antérieurs n'existent plus » ; mais

(1) C'est « ce fameux gaillard qui ne se montrait, en cette cir- » constance, ni gêné, ni étourdi », qui a décidé le ton de cette réponse : car on ne parle pas d'un fameux gaillard, comme d'un autre personnage.

les nerfs olfactifs qui sont « près de la faux, à la » partie antérieure du cerveau », logés dans l'anfractuosité longitudinale qui leur est propre, existaient-ils ainsi que la *persistance de l'odorat*, quand « les » lobes antérieurs n'existent plus » à ce niveau ? Il me semble que ce détail n'aurait pas nui « pour » compléter l'observation » non plus qu'une petite mention sur l'état du filet ethmoïdal du rameau nasal du nerf ophthalmique de Willis et l'état fonctionnel de la pituitaire.

« Les lobes antérieurs n'existent plus ; ils sont » remplacés par une tumeur du volume d'un œuf de » poule... » Or qu'était devenu le chiasma des nerfs optiques, qui se trouve sur la limite des lobes antérieurs et moyens du cerveau, quoique faisant, par sa position sur la partie antérieure de la face supérieure du corps du sphénoïde, plutôt partie des lobes antérieurs ? Il me semble qu'une simple mention sur son état anatomique, celui des yeux, et la manière dont s'exerçait la vision, n'aurait pas nui davantage « pour » compléter l'observation. »

Quand je pense que chez un malade affecté de loquacité, d'incontinence d'urine, d'un affaiblissement (des membres, je suppose, ou général), on ne s'inquiète pas davantage de l'état des autres sens, ouïe, goût, toucher, je me demande à quoi pensait l'observateur et pourquoi cet individu restait dans une salle de clinique officielle de chirurgie où règne toujours le *prurigo secandi* ? Quoi pouvait détourner son attention, je ne dis plus du cerveau et de ses annexes, mais de la moelle, qui reste enveloppée dans un rachis de silence ?

Puisque « les lobes antérieurs n'existent plus près » de la faux, à la partie antérieure du cerveau » où « ils sont remplacés par une tumeur du volume d'un » œuf de poule, etc. », il en résulte que ces lobes n'étaient pas détruits dans leur *totalité*, et qu'il s'en trouvait de chaque côté de la tumeur une portion assez considérable. Alors je chanterai en chœur avec M. Velpeau, mais point dans la même intonation : « or, si c'est là que réside le législateur de la parole, » c'est un fameux gaillard qui ne se montrait, en » cette circonstance, ni gêné, ni étourdi » ; mais un peu étourdissant, car c'est là le propre de la loquacité et de M. Velpeau. La loquacité du législateur de la parole peut être excusée au moins ; il avait affaire à une sourde qui ne s'inquiétait guère de ses paroles et qui continuait à entrer dans son domicile, malgré ses réclamations. Est-ce que la raison ou la logique pressait M. Velpeau au même degré ou le besoin de faire du bruit ?

M. Velpeau trouvait « une altération très-pro» fonde, très-ancienne des lobes antérieurs du cer» veau...., remplacés par une tumeur du volume » d'un œuf de poule..., de nature squirrheuse. » Si cette tumeur ne devait gêner ni étourdir le législateur de la parole, ce fameux gaillard, quelles étaient donc les lésions du cerveau qui, n'ayant amené aucun trouble notable dans les fonctions de cet organe pendant la vie, firent que « cet homme mourut » ;

car les lobes antérieurs du cerveau, au moins dans leur totalité, ne sont pas nécessaires à la vie. On voit des gens s'en passer très-bien, et le fait n'est pas rare chez les idiots aphasiques. De quoi donc est mort le malade de M. Velpeau, puisqu'il *en* ouvrait le crâne « pour compléter l'observation »? Car si cet homme avait vécu avec sa tumeur de nature squirrheuse sans trouble dans l'exercice régulier des fonctions nécessaires à la vie, on ne voit pas pourquoi il est mort. Il a fallu un miracle pour ressusciter et faire vivre Lazare avec sa maladie; est-ce un miracle qui a fait mourir le malade de M. Velpeau d'une maladie essentielle? Comme il est probable qu'il n'a pas succombé à la volonté divine, *autre manière d'être de la lance d'Achille*, et que les miracles ne sont plus de saison, pour rendre raison de la mort, il fallait donc qu'une lésion *nouvelle*, suffisamment profonde, s'ajoutât à « l'altération profonde, très-ancienne, des lobes antérieurs du cerveau »; et l'*absence de cette lésion nouvelle* ôte à l'observation de M. Velpeau un « caractère d'authenticité désirable », trop désirable, et même absolument désirable.

A qui M. Velpeau fera-t-il croire qu'un individu tourmenté pendant sa vie de *loquacité*, d'*incontinence d'urine* et d'*affaiblissement*, n'avait pour unique lésion, et dans les lobes antérieurs du cerveau, qu'une tumeur squirrheuse du volume d'un œuf de poule? La chose est radicalement impossible ou l'observateur : il devait nécessairement exister d'autres lésions à la périphérie de l'encéphale, dans sa substance et ses membranes, et sans doute aussi du côté de la moelle, quoique avec moins de probabilité, à moins que le cerveau ne soit un organe à peu près sans fonctions, ce que, honte de la science! trop de médecins, même de ceux qui passent pour être des plus huppés, croient, parce qu'ils ne savent pas les voir.

Vous paraissez faire un reproche à M. Bouillaud d'exiger qu'il soit « rendu témoin » des faits d'aphasie d'aphémie, etc., produits contre sa doctrine. J'avouerai que l'exigence de M. Bouillaud me paraît naturelle, *rationnelle,* car j'ai vu *beaucoup* de médecins considérer comme *aphasiques, aphémiques*, etc., des malades qui parlaient très-bien et chez lesquels même le législateur de la parole était un peu exalté, *loquace*, tandis que d'autres prenaient pour de l'*aphasie*, de l'*aphémie*, etc., l'*étonnement*, la *stupeur*, le *coma*, le *stertor*, etc. On lit de ces honnêtes erreurs de diagnostic dans nombre de recueils, de ces erreurs données par des professeurs et des académiciens comme des cas contraires à la doctrine de M. Bouillaud. En fait d'observation, ce maître a droit d'être exigeant, ayant consacré chaque jour de sa vie à écrire ou à dicter des observations, et l'on n'arrive pas à sa hauteur du premier bond ; il est d'ailleurs le seul à la Faculté qui ait été nommé *deux fois* professeur, et en moins d'une année ! malgré la coterie.

Je crois, Monsieur, vous avoir convaincu que le fait de M. Velpeau « n'a pas le caractère d'authenticité désirable » pour mériter le prix offert par M. Bouillaud, et que ce fait clinique doit être mis à sa place, c'est-à-dire hors de concours, comme ne remplissant pas les conditions du programme. M. Louis eût certainement mis cette observation au panier comme pour les faits qu'il recueillit pendant les huit premiers mois des six années qu'il consacra à l'observation, « ces faits étant *un peu* incomplets sous » le rapport anatomique » (*Avert.*, 1re édit., p. 9 et 10, *note*), et comme ceux qui ont le SENS de l'observation sont délicats, il eût éprouvé plus de scrupule encore à produire un fait *un peu plus* qu'incomplet sous le double rapport anatomique et symptomatique. En effet, que peut-on conclure de l'observation de M. Velpeau ? si elle ne prouve pas que le siége du langage articulé est bien dans les lobes antérieurs, et elle le prouve, démontre-t-elle que ces lobes sont les législateurs de la miction et d'autres envies ? M. Velpeau est-il bien certain que les lobes antérieurs n'existaient plus dans leur partie antérieure ? M. Velpeau l'affirme ; mais s'il donnait une description exacte de la lésion, on verrait qu'il en restait encore, car le volume d'un œuf de poule ne peut égaler le volume des deux lobes antérieurs du cerveau, à moins que le contenant ne soit plus petit que le contenu, et qu'un chameau n'ait passé par le trou d'une aiguille. Du reste, pour caractériser ce fait, je me permets de croire, s'il eût été soumis à l'appréciation de l'illustre Lallemand, qu'il l'eût rangé dans la catégorie de ceux qu'il appelait des *épitaphes*.

Je suis sûr que M. Velpeau a dû exciter dans l'Académie, en venant réclamer le prix, un rire homérique, c'est-à-dire olympien. Ces bons Dieux n'en font jamais d'autres : il suffit que Vulcain boite un peu plus pour élever leur satisfaction au grade de l'hilarité, et parmi les simples mortels, dans tous les régiments, comme dans toutes les compagnies, il se trouve toujours quelque loustic, quelque confrère de Thersite, de même qu'autrefois au milieu des traineurs de sabre destructeurs d'Ilion.

Il me semble que lorsque M. Velpeau donne une affirmation devant l'Académie, la docte assemblée devrait y regarder de plus près. En 1849 et 1850, il aurait prétendu, si j'en crois la thèse de M. Dufraigne, avoir découvert l'antéflexion et la rétroflexion de la matrice qu'on confondait si souvent avec ses engorgements, dont il niait l'existence et qu'il finit par reconnaître; et cependant, le 5 février 1833, l'Académie chargeait M. Velpeau de faire un compte rendu *verbal* du traité théorique et pratique des maladies de l'utérus et de ses annexes, etc., de Mme Boivin et Dugès (1). Il est donc à espérer que M. Velpeau reconnaîtra qu'il n'a fait qu'une triste plaisanterie, qu'il a voulu faire un tour devant une bonne compagnie et qu'il profitera de la première occasion pour

(1) « Il ne restait plus qu'à faire connaître la flexion antérieure » de l'utérus sur lui-même à l'état de vacuité et à lui donner un » nom, car si le mot de *rétroflexion était trouvé depuis longtemps,* » *celui d'antéflexion ne l'était pas encore. C'est le docteur* AMELINE » *qui combla cette lacune,* en publiant, dans sa thèse inaugurale » (1827), un fait remarquable d'antéflexion congénitale qui lui » avait été communiqué par Mme Boivin. — Cusco, *De l'anté-* » *flexion et de la rétroflexion*, p. 9 et 10. Thèse de concours. »

s'en excuser *académiquement*, comme il l'a fait en 1849 et 1850. Mais il est une récompense que mérite M. Velpeau, et, à ce titre, je me permets de lui décerner, avec d'autant plus de bonheur que tout le monde connaît son affection pour Lisfranc, ces quelques lignes du chapitre « *de l'antéflexion et de la rétroflexion ou des incurvations de la matrice :*

« Un auteur moderne, bien connu pour s'appro-
» prier les découvertes des anciens et des contempo-
» rains, prétend avoir fait le premier connaître la
» maladie dont nous nous occupons; une telle préten-
» tion peut obtenir quelques succès devant des élèves
» qui débutent dans la carrière (1); mais les hommes
» de savoir et d'expérience apprécient à leur juste
» valeur ceux qui compromettent ainsi la dignité de
» la science. » (Novembre 1841, *Clinique chirurgicale de la Pitié*, tome III, page 370.)

M. Velpeau avait été devancé par un auteur moderne, et je puis lui dire, comme Mauriceau à Peu : *Ne pudeat, quæ nescieris te velle doceri;* autrement en français, qu'il ne rougisse pas d'être instruit des choses qu'il ignore : j'espère qu'il reconnaîtra son ancien Topique à son tour.

(1) Cette citation rappelle la fable de Lafontaine : *le Rat et l'Huître*.

« Voilà les Apennins, et voici le Caucase !
» La moindre taupinée était mont à ses yeux.
» ....
» N'étant pas de ces rats qui, les livres rongeants,
» Se font savants jusques aux dents. »
(Livre VIII, fable IX.)

En terminant cette lettre je m'unis à vous, qui que vous soyez, d'esprit et de cœur, pour « louer » M. Bouillaud d'avoir soumis le fait à une commis- » sion spéciale » dont notre devoir est de faciliter la tâche.

La Bruyère disait : « Il ne faut ni art ni science » pour exercer la tyrannie » (chap. X du Souverain ou de la République). Existe-t-il rien de pis que la tyrannie de l'ignorance, cette commère de la prétention? au moins, en médecine, notre premier devoir est de la faire cesser.

Sur ce, je prie la nature de vous être indulgente ainsi qu'à moi et vous pouvez me croire, qui que vous soyez,

Votre dévoué,

Dr P. H. LEFEBVRE (DE L'EURE).

Paris, 17 mai 1865.

Paris. — Imprimerie de E. MARTINET, rue Mignon, 2.

www.ingramcontent.com/pod-product-compliance
Lightning Source LLC
LaVergne TN
LVHW010020230826
846092LV00002B/914

* 9 7 8 2 0 1 9 2 8 4 6 8 8 *